Enciclopedia mundial de los DEPORTES

Por Maddalen Esposito

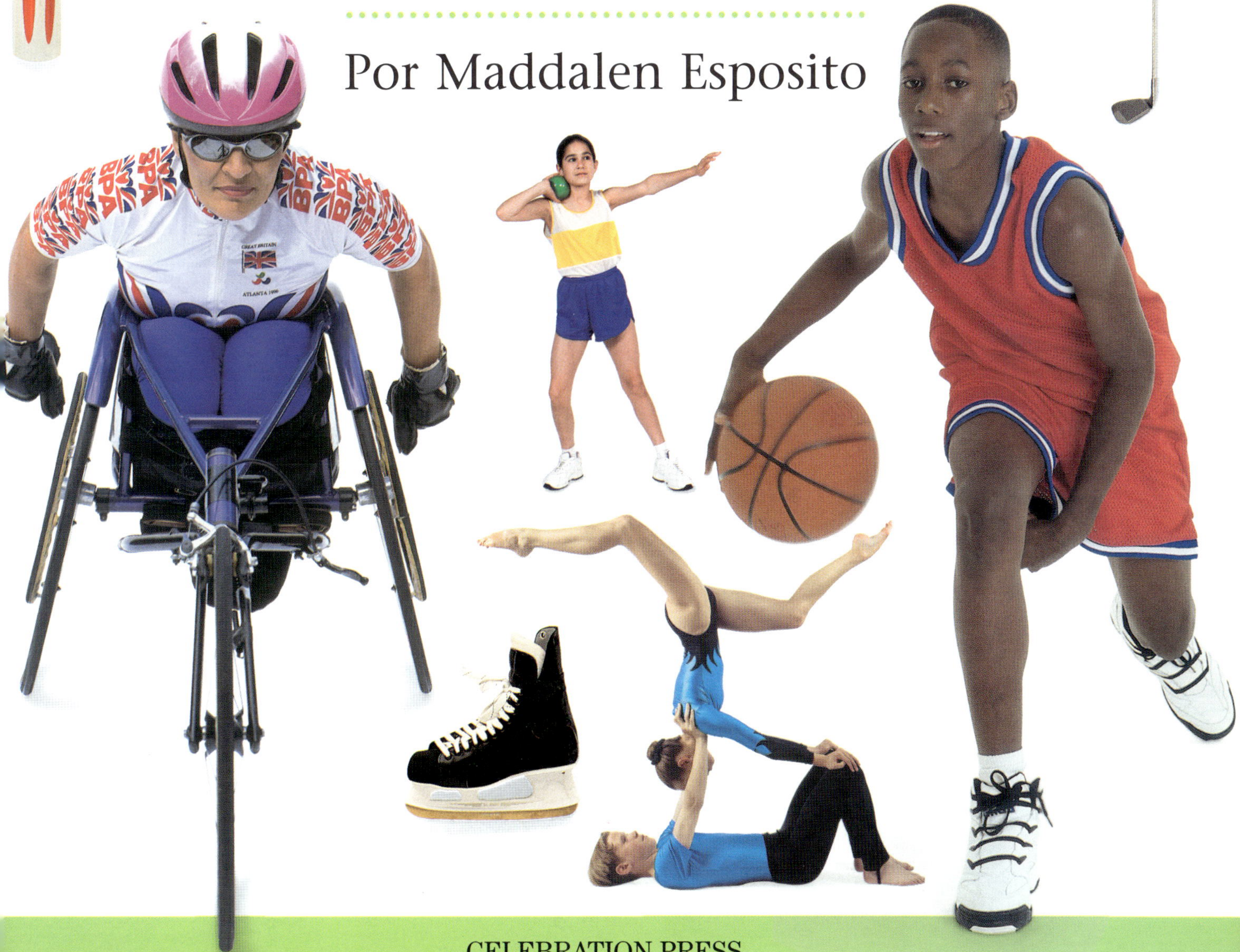

CELEBRATION PRESS
Pearson Learning Group

Contenido

patineta
guante de *hockey* sobre hielo
palo de *hockey* sobre hierba
casco de críquet
guante de béisbol
pelota de béisbol
gafas de natación
pelota de fútbol
disco
patín de ruedas en línea

En el mundo de los deportes

Desde los tiempos más remotos, la gente ha practicado deportes. Esta enciclopedia brinda información sobre algunos de los deportes que se practican en todo el mundo. Las entradas están en orden alfabético. Cada entrada describe un deporte y explica cómo se juega.

Cómo usar la casilla de datos

En la casilla de datos puedes encontrar información sobre el origen de cada deporte. La casilla de datos también dice el número de jugadores y los elementos necesarios para el deporte.

Datos sobre el *hockey* sobre hielo

Origen: Canadá, a mediados de los años 1800

Número de equipos/jugadores: 2 equipos de 6 jugadores

Elementos: almohadillas protectoras, bastón curvo, casco, disco de caucho, guantes, máscara de portero, patines de hielo, protector bucal, redes de portería

Origen:
Busca aquí el lugar y la época en que se jugó el deporte por primera vez.

Número de equipos/jugadores:
Aquí dice el número de jugadores que se permite en el campo de juego a la vez.

Elementos:
Revisa la lista de artículos que necesitan los jugadores para practicar este deporte.

Baloncesto

El baloncesto se juega en una cancha rectangular. Hay una cesta montada en un poste en cada extremo. Los jugadores mueven una pelota inflada hacia la cesta del equipo contrario y anotan puntos cuando logran encestarla.

Los jugadores mueven la pelota de baloncesto de diferentes maneras. Pueden **driblear** la pelota mientras caminan o corren y también pueden **pasar** la pelota a sus compañeros de equipo. Los jugadores del equipo contrario tratan de recuperar la pelota y dificultar los tiros de sus oponentes.

Datos sobre el baloncesto

Origen: Estados Unidos, 1891

Número de equipos/ jugadores: 2 equipos de 5 jugadores cada uno

Elementos: aro de baloncesto, pelota de baloncesto

Si un jugador lleva la pelota dribleando hasta la cesta, puede tirarla a corta distancia.

Béisbol

El béisbol se juega en un terreno grande. Hay tres bases y un pentágono de "home" en el diamante. Dos equipos se turnan al bate y al terreno en cada entrada. Un **lanzador** del equipo que está en el terreno lanza la pelota por encima del hombro al receptor que se ubica detrás del pentágono. Hay un bateador de pie a un lado del pentágono que trata de batear la pelota.

El jugador queda eliminado (*out*) si trata de batear tres lanzamientos y no lo logra. El bateador que batea la pelota corre a primera base. El jugador se detiene en una base cuando el equipo que está en el terreno devuelve la pelota al diamante. Se anota una carrera cuando los jugadores dan la vuelta a todas las bases sin ser puestos *out*.

Los jugadores del equipo que está en el terreno tratan poner *out* de diferentes maneras a los del equipo contrario. Después de poner *out* a tres jugadores, los equipos intercambian roles.

Este diagrama muestra el terreno y las posiciones de los jugadores en el béisbol.

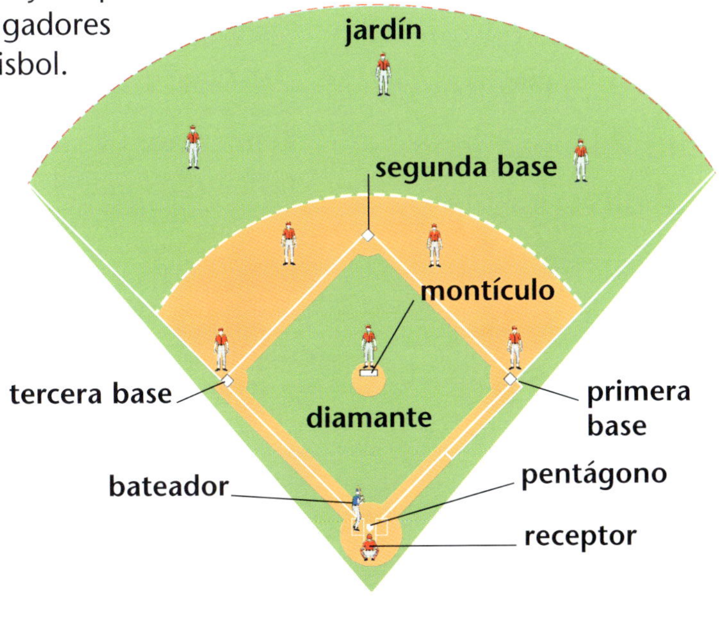

Datos sobre el béisbol

Origen: América del Norte, a principios de los años 1800

Número de equipos/jugadores: 2 equipos de 9 jugadores cada uno

Elementos: bases, bate de béisbol, casco del bateador, guantes de béisbol, máscara del receptor, pelota de béisbol

El lanzador mira al receptor antes de lanzar la pelota.

Bolos

Este juego se practica en un lugar cerrado llamado bolera. El jugador hace rodar la bola por un carril largo y estrecho. Al final del carril hay diez **bolos**. El jugador trata de derribar tantos bolos como pueda y anota un punto por cada bolo que derribe. Puede ganar puntos adicionales si derriba todos los bolos en el primer tiro. También se ganan puntos extra por derribar todos los bolos en dos intentos. Cada juego dura hasta que todos los participantes hayan jugado diez turnos.

Datos sobre el juego de bolos

Origen: Antiguo Egipto, 5200 a.C.

Número de equipos/ jugadores: individual o equipo

Elementos: bola de bolos, diez bolos

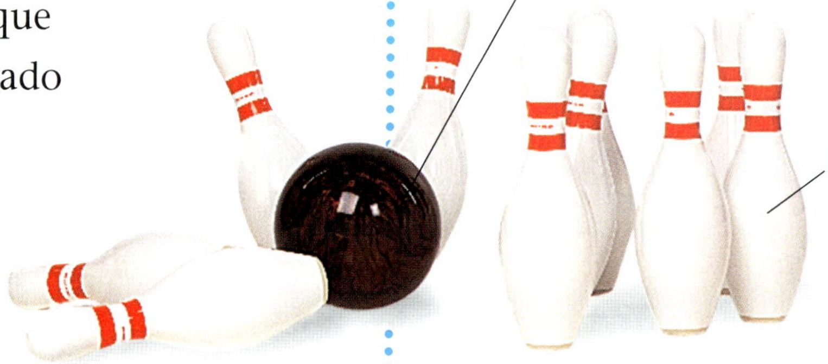

Campo y pista

Los eventos de campo y pista tienen lugar en una pista ovalada con un campo en el centro. En la pista, los eventos incluyen carreras a pie de diferentes distancias. Algunos eventos de pista requieren que los atletas corran y salten obstáculos. Los eventos de campo incluyen actividades de salto y lanzamiento, como el salto alto y el disco. Los atletas compiten también en eventos que incluyen tanto deportes de campo como de pista. En un pentatlón y un decatlón, los atletas compiten en salto, lanzamiento y carrera. Gana el atleta cuyo puntaje combinado de todos los eventos sea el más alto.

Datos sobre campo y pista

Origen: Antigua Grecia, antes de 1000 a.C.

Número de equipos/ jugadores: individual o equipos de diferentes participantes

Elementos: Cada evento tiene sus propios elementos

Campo

Esta atleta de salto en alto trata de no tocar la barra.

Hay cuatro eventos de campo que incluyen saltos. En el salto largo y el triple salto, los atletas compiten por el salto más largo. Los atletas en el salto alto y el salto con garrocha compiten para lograr el salto más alto.

En los cuatro eventos de **lanzamiento**, los atletas compiten para lograr la mayor distancia. En cada evento, el atleta toma y lanza el objeto de cierta manera. Los cuatro eventos de lanzamiento son el disco, el martillo, la jabalina y la bala.

atleta de salto largo

Pista

Hay varios eventos de pista. La carrera de velocidad es de distancias cortas. Una maratón desafía a los corredores a mantener la velocidad en una distancia mucho más larga. En las carreras de relevos, equipos de cuatro corredores compiten entre sí. Cada corredor de un equipo corre parte de la carrera. En los eventos de vallas, los atletas deben correr y saltar sobre varias vallas. Una carrera de obstáculos requiere que los atletas salten sobre vallas y fosos de agua.

Un atleta ciego compite en un evento de pista con ayuda de un guía.

Ciclismo

Hay muchos tipos de competencias de ciclismo. Los atletas montan diferentes tipos de bicicletas según el tipo de carrera. En el ciclismo de pista, los ciclistas corren alrededor de una pista ovalada que tiene lados en pendiente. En el ciclismo de carretera, los ciclistas compiten durante días enteros mientras corren tanto sobre carreteras llanas como montañosas.

Los ciclistas de montaña también compiten en velocidad por el mejor tiempo sobre senderos en lugares agrestes. En carreras de BMX, los ciclistas corren por un camino sinuoso y empinado. Los corredores de bicicross compiten en recorridos al aire libre que incluyen superficies difíciles y obstáculos.

Este equipo de ciclismo de pista corre por una pista bajo techo.

Datos sobre el ciclismo

Origen: Europa, años 1800

Número de equipos/ jugadores: individual y en equipo

Elementos: bicicleta, casco

Algunos ciclistas de montaña corren por caminos empinados e irregulares.

Críquet

El críquet se juega en un terreno grande en forma de óvalo. En el centro del óvalo hay una sección llamada cancha. En cada extremo de la cancha hay una **meta**. Dos equipos se turnan al bate y al terreno en cada entrada. Un bateador está de pie en cada extremo de la cancha, delante de una meta. Un **lanzador** del equipo en el terreno lanza la pelota por encima del hombro de una meta a otra. El bateador trata de proteger la meta con su bate. Si golpea la pelota, los bateadores pueden acordar correr a la meta opuesta. Cada bateador que tiene éxito anota una carrera.

Se puede eliminar un bateador por diferentes razones: que el lanzador derribe con la pelota la meta del bateador, que el bateador toque la meta con el bate o con su cuerpo, que un jugador del equipo en el terreno atrape en el aire la pelota que bateó el bateador. Los equipos cambian roles después que diez bateadores quedan eliminados. Un juego de críquet suele durar dos entradas.

Datos sobre el críquet

Origen: Inglaterra, años 1600

Número de equipos/jugadores: 2 equipos de 11 jugadores cada uno

Elementos: almohadillas protectoras de piernas, bate de críquet, casco, metas, guantes de bateo, guantes para los guardametas, pelota de críquet

Esta fotografía muestra parte del terreno y algunas de las posiciones de los jugadores en el críquet.

Equitación

Equitación es el arte o la práctica de montar a caballo. El jinete controla la velocidad y los movimientos del caballo con las **riendas**. Algunos eventos de equitación son concurso hípico de salto, doma, campo traviesa y carrera de caballos. En el concurso de salto, los jinetes guían a sus caballos a saltar sobre obstáculos en tiempo limitado. En doma, los caballos ejecutan maniobras. En la carrera a campo traviesa, los caballos corren por una pista con varios obstáculos. En la carrera de caballos, lo hacen alrededor de una pista plana.

Datos sobre la equitación

Origen: Asia Central, 2000 a.C.

Número de equipos/ jugadores: varía

Elementos: (caballo) brida, cabestro, estribos, montura, riendas; (jinete) botas de montar, casco

Un jinete hace saltar a su caballo sobre el foso de agua en una carrera a campo traviesa.

Esquí

Esquiar es deslizarse en esquí sobre la nieve con botas especiales. Se dirigen los esquís variando la distribución del peso. A veces se usan dos bastones para guiar los movimientos.

Los esquiadores de *slalom* bajan por una pista en zigzag entre puertas o postes. Los de estilo libre también compiten con el descenso. Éstos saltan y dan volteretas. Los saltadores en esquí, saltan desde rampas largas para lograr la mayor distancia posible. Los esquiadores a campo traviesa tratan de completar un trayecto difícil en el menor tiempo posible.

Datos sobre el esquí

Origen: Escandinavia, 2000 a 3000 a.C.

Número de equipos/ jugadores: individual

Elementos: bastones de esquí, botas de esquí, casco, esquíes, guantes

esquiador cuesta abajo

Fútbol

Fútbol de reglas australianas

El fútbol de reglas australianas se juega en un terreno grande de forma ovalada. Hay dos conjuntos de postes en cada extremo. Los postes exteriores, más pequeños, se llaman postes traseros. Los postes interiores, más grandes, se llaman postes de meta. Patear la pelota entre los postes de meta anota seis puntos. Si la pelota pasa entre el poste de meta y el poste trasero, se anota un punto.

Los jugadores mueven la pelota de fútbol de muchas maneras diferentes. Patean o golpean la pelota con el puño y también pueden correr sujetándola. Deben rebotarla cada dieciséis yardas. Los jugadores no pueden lanzar la pelota y sólo pueden **derribar** a un jugador del equipo contrario si éste tiene la pelota.

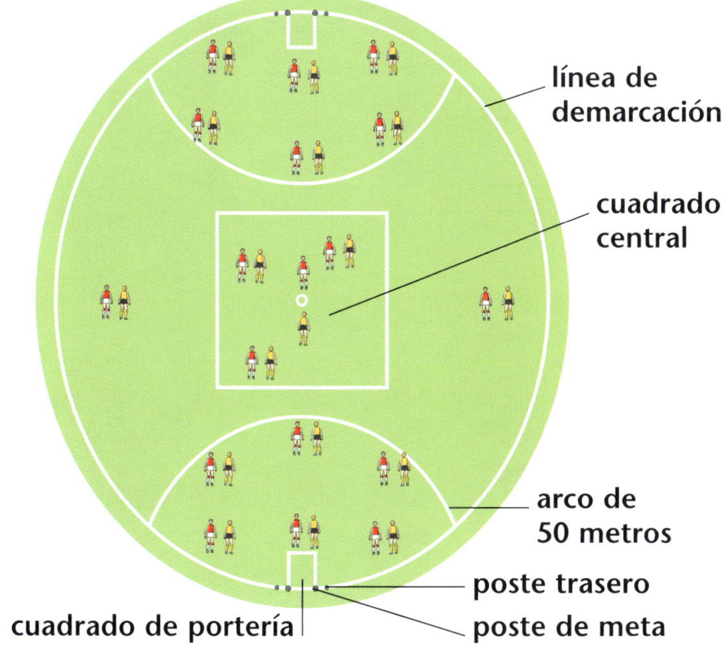

Este diagrama muestra el terreno y las posiciones de los jugadores del fútbol de reglas australianas.

Datos sobre el fútbol de reglas australianas

Origen: Victoria, Australia, década de 1850

Número de equipos/jugadores: 2 equipos de 18 jugadores cada uno

Elementos: pelota de fútbol, postes de meta, protector bucal

A menudo un jugador da un gran salto en el aire para atrapar la pelota.

Fútbol norteamericano

El fútbol estadounidense y el fútbol canadiense son muy similares. Ambos deportes se juegan en un terreno grande y rectangular. El terreno de fútbol canadiense es más grande que el de fútbol americano. Hay una franja de anotación o *end zone* en cada extremo del terreno, separada del mismo por la línea de gol. Cada *end zone* contiene un juego de postes de portería. Los jugadores tratan de mover la pelota hacia la *end zone* del equipo contrario. Las reglas de ambos juegos no son exactamente las mismas. En el fútbol estadounidense, cada equipo tiene cuatro ***downs*** o intentos para mover la pelota. En el fútbol canadiense, un equipo tiene tres *downs*.

En ambos deportes, los jugadores pueden correr con la pelota o **pasar** la pelota a un compañero de equipo. Los equipos anotan puntos por llevar la pelota a la *end zone* y por patear un gol de campo. Los jugadores tratan de evitar que el otro equipo anote puntos. Pueden **derribar** a un jugador del equipo contrario sólo si tiene la pelota. Los jugadores también tratan de interceptar los pases del equipo contrario.

Un jugador patea la pelota hacia el terreno del equipo contrario.

Datos sobre el fútbol norteamericano

Origen: Estados Unidos: a mediados de los años 1800, Canadá: finales de los años 1800 (creado a partir del *rugby* y el *soccer*)

Número de equipos/ jugadores: Estados Unidos: 2 equipos de 11 jugadores cada uno
Canadá: 2 equipos de 12 jugadores cada uno

Elementos: almohadillas protectoras, casco, pelota de fútbol, postes de portería

Estos compañeros de equipo se dan la mano para celebrar una buena jugada.

Gimnasia artística

Los gimnastas prueban su fuerza y equilibrio en diferentes actividades. Realizan **rutinas** sobre colchonetas y diferentes equipos llamados aparatos. Hay competencias de gimnasia artística separadas para hombres y mujeres. Los jueces otorgan puntos personales a los gimnastas por cada rutina. Los puntos de todas las rutinas se suman al final. El equipo o individuo con el puntaje más alto gana.

Datos sobre la gimnasia
Origen: Antigua Grecia
Número de equipos/ jugadores: individual o equipos
Elementos: (femenina) barra de equilibrio, barras paralelas asimétricas, caballo, colchonetas; (masculina) anillas, barra fija, barras paralelas, caballo, caballo con arcos, colchonetas

Este gimnasta realiza una "tijera" en su rutina de suelo.

Golf

El *golf* se juega en un terreno enorme cubierto de césped. Los jugadores usan palos de *golf* para golpear una pelota pequeña y dura. Ellos tratan de alcanzar el hoyo en la menor cantidad de golpes posible. El jugador comienza desde un *tee* o punto de partida el primer **golpe** de cada hoyo. Los golpes siguientes se dan desde donde haya caído la pelota. La distancia entre cada *tee* y el hoyo respectivo es diferente. Generalmente es de 100 a 600 yardas. Un juego de *golf* incluye por lo general dieciocho hoyos.

Datos sobre el *golf*
Origen: Los Países Bajos o Escocia, años 1400
Número de equipos/ jugadores: individual
Elementos: guante de *golf*, palos de *golf*, pelotas de *golf*, *tees*

Los jugadores usan diferentes tipos de palos de *golf* para los tiros largos y los tiros cortos.

Hockey

Hockey sobre hielo

El *hockey* sobre hielo se juega en una pista rectangular cubierta de hielo. Hay una portería con una red cerca de cada extremo de la pista. Los jugadores se deslizan por el hielo bastones curvos para mover un d pequeño de caucho. Los jugador mueven el disco hacia la portería del equipo contrario. Se anota un gol cada vez que el disco cruza completamente la línea de gol. El portero trata de evitar que el d cruce la línea de gol.

Los jugadores visten trajes especiales para protegerse de los golpes del disco y del contacto físico.

Datos sobre el *hockey* sobre hielo

Origen: Canadá, a mediados de los años 1800

Número de equipos/ jugadores: 2 equipos de 6 jugadores

Elementos: almohadillas protectoras, bastón curvo, casco, disco de caucho, guantes, máscara de portero, patines de hielo, protector bucal, redes de portería

Hockey sobre hierba

El *hockey* sobre hierba se juega en un campo rectangular. Hay una portería con una red en cada extremo del campo. Los jugadores usan palos de *hockey* hechos de madera para mover una pelota pequeña y dura. Se anota un gol cada vez que la pelota cruza por completo la línea de portería. Los jugadores no deben colocar su palo entre la pelota y un jugador contrario. Tampoco deben alzar sus palos por encima de sus hombros.

Los jugadores llevan espinilleras debajo de las medias.

Datos sobre el *hockey* sobre hierba

Origen: Inglaterra, años 1800

Número de equipos/ jugadores: 2 equipos de 11 jugadores

Elementos: pelota de *hockey*, espinilleras, máscara y casco del portero, palo de *hockey* sobre hierba, protector bucal, redes de portería

Lacrosse

El *lacrosse* se juega en un terreno rectangular. En cada extremo hay una portería con una red. Los jugadores mueven la pelota hacia la portería del otro equipo. Se anota un gol cada vez que la pelota cruza la línea de meta. El portero trata de evitar que la pelota cruce la línea de meta.

Los jugadores llevan la pelota con su raqueta de mango largo o ***crosse*** y la pasan a sus compañeros de equipo. Para evitar que los oponentes anoten puntos, los jugadores usan su *crosse* para arrebatarles la pelota. Los jugadores no pueden tocar la pelota con sus manos.

Datos sobre el *lacrosse*

Origen: América del Norte, años 1800

Número de equipos/ jugadores: 2 equipos de 10 (masculino) ó 12 (femenino) jugadores cada uno

Elementos: casco, *crosse*, guantes, pelota de *lacrosse*, redes de portería

Montar patineta

Una patineta es una tabla pequeña y flexible con dos pares de ruedas. Los jugadores pueden alcanzar altas velocidades y realizar complejas piruetas. Hay diferentes tipos de competencias de montar patineta. En un evento de *slalom*, los competidores patinan alrededor de conos sobre una superficie lisa. En un evento en la calle, los competidores patinan sobre obstáculos, como escalones y contenes de acera.

Datos sobre montar patineta

Origen: California, Estados Unidos, década de 1960

Número de equipos/jugadores: individual

Elementos: casco, coderas, guantes, patineta, rodilleras

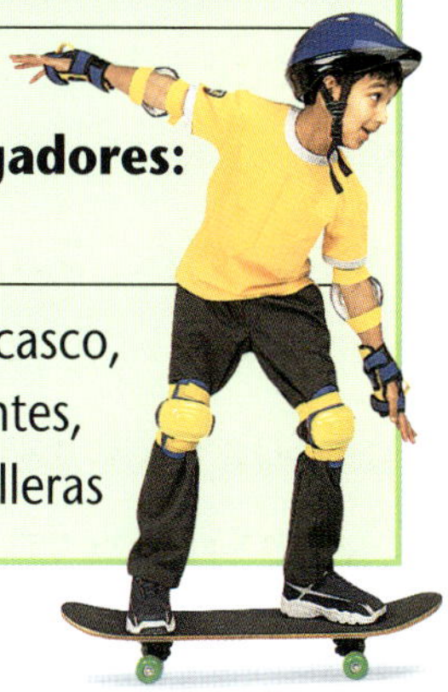

Natación

Los nadadores usan movimientos de piernas, brazos y cuerpo para desplazarse en el agua. Los nadadores aprenden movimientos especiales llamados brazadas. Se puede nadar estilo libre, espalda, pecho y mariposa para participar en competencias de natación y deportes acuáticos.

Datos sobre la natación

Origen: Europa y Australia, a mediados de los años 1800

Número de equipos/ jugadores: individual o equipo

Elementos: gafas de natación (opcionales), gorra de natación (opcional)

Este nadador realiza la brazada estilo mariposa.

Netball

Se juega *netball* en una cancha rectangular dividida en tres secciones. Hay un aro montado en un poste en cada extremo de la cancha. Los jugadores mueven la pelota hacia el aro del equipo contrario. Se anota un gol cuando la pelota atraviesa el aro.

Se asigna a cada jugador a una determinada área del campo. Los jugadores pueden **pasar** la pelota a sus compañeros de equipo. Después de atrapar la pelota, un jugador no puede dar más que un paso y solamente tiene tres segundos para hacer un movimiento. Puede pasar la pelota a un compañero de equipo o tirarla. Los jugadores del equipo contrario tratan de recuperar la pelota y dificultar el tiro de sus oponentes. No se permite a los jugadores el contacto físico.

Datos sobre el *netball*

Origen: Inglaterra, a mediados de los años 1800 (creado a partir del baloncesto)

Número de equipos/ jugadores: 2 equipos de 7 jugadores cada uno

Elementos: aro de *netball*, pelota de *netball*

A diferencia del baloncesto, los jugadores de *netball* no pueden correr cuando tienen la pelota.

Patinaje

Patinaje sobre hielo

El patinaje sobre hielo incluye el patinaje de velocidad y el patinaje artístico. Ambos se realizan en una pista cubierta de hielo. Los patinadores de velocidad compiten en eventos de diferentes distancias. En el patinaje artístico, los patinadores realizan **rutinas**. Los jueces dan puntos a los patinadores por su gracia y destreza. El patinador con el mayor puntaje gana.

Datos sobre el patinaje sobre hielo

Origen: Escandinavia, alrededor de 1000 a.C.

Número de equipos/jugadores: individual o equipo

Elementos: patines artísticos o patines de velocidad

Patinaje sobre ruedas en línea

Los patinadores sobre ruedas en línea compiten en terrenos y pistas bajo techo o al aire libre. Los eventos incluyen *hockey* sobre patines y carreras de velocidad. En algunas competencias, los patinadores también ejecutan saltos y movimientos.

Los patines de ruedas en línea tienen una sola fila de ruedas.

Datos sobre el patinaje sobre ruedas en línea

Origen: Estados Unidos, 1980

Número de equipos/jugadores: individual

Elementos: cascos, coderas, patines de ruedas en línea, rodilleras

Remo

El remo es uno de los deportes más antiguos del mundo. Los remeros compiten individualmente o en equipos de diferentes cantidades de tripulantes. Hay dos tipos principales de regatas o competencias: a dos remos cortos y a un remo largo. En las regatas se usan embarcaciones llamados *sculls*. Son más ligeras y frágiles que los botes de remos ordinarios.

También se usan para competir los botes llamados canoas y *kayaks*. Estos botes son ligeros y terminan en punta en sus dos extremos. Los remeros usan remos largos o paletas para impulsar y maniobrar canoas y *kayaks*.

Datos sobre el remo

Origen: Egipto y Roma antiguos, antes del 3000 a.C.

Número de equipos/ jugadores: individual o equipos

Elementos: botes, canoas, cascos, *kayaks*, paletas, remos

Esta remera usa un remo de dos paletas para mover su *kayak* en aguas turbulentas.

Rounders

El *rounders* se parece al béisbol. Se juega en un terreno grande. Hay cuatro postes en el cuadro central. Dos equipos se turnan al bate y al terreno en cada entrada. Un **lanzador** del equipo en el terreno lanza la pelota. Un bateador trata de batearla y si le pega, corre hacia el primer poste. Los jugadores del terreno tratan de eliminar al bateador de diferentes maneras. Los jugadores tratan de tocar todos los postes sin que los eliminen. Cada jugador que lo consigue anota un punto. Luego de eliminar nueve jugadores, los equipos cambian de rol.

Datos sobre el *rounders*

Origen: Inglaterra, años 1500

Número de equipos/ jugadores: 2 equipos de 9 jugadores cada uno

Elementos: bate, pelota, postes

bateadora

Rugby

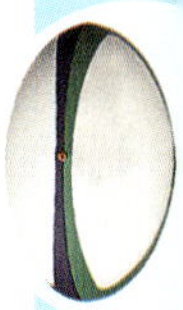

El *rugby* de unión y el *rugby* de liga son dos tipos de *rugby*. Aunque son similares, hay algunas reglas que son diferentes. Ambos se juegan en una cancha rectangular, con postes de portería en cada extremo de la cancha.

Los jugadores pueden correr con la pelota o patearla. Si hacen un **pase**, tiene que ser hacia atrás. Cada equipo trata de que el contrario no anote puntos. Sólo se permite hacer un **placaje** si el contrario tiene la pelota.

Un equipo gana puntos si anota un tanto. Esto se logra colocando la pelota en el campo del equipo contrario, entre el *try* y la línea de pelota muerta. También se ganan puntos pateando la pelota por alto entre los postes de la portería. Además, se anotan puntos con patadas de penal y goles de *drop*.

Datos sobre el *rugby*

Origen: (Unión) Inglaterra, década de 1820 (Liga) Inglaterra, 1895

Número de equipos/ jugadores: (Unión) 2 equipos de 15 jugadores cada uno; (Liga) 2 equipos de 13 jugadores cada uno

Elementos: pelota de *rugby*, postes de portería

Un jugador corre velozmente por el terreno para evitar ser derribado por otro jugador.

Snowboard

Los que hacen *snowboarding* se deslizan cuesta abajo en una tabla corta y ancha. Éstos sujetan los pies a la tabla con botas especiales. Dominan la tabla trasladando su propio peso de un lado a otro. Los que hacen *snowboarding* no usan bastones.

En la competición de *slalom* los participantes compiten cuesta abajo alrededor de obstáculos. En eventos de estilo libre, se deslizan por una rampa, dan volteretas y giran. Los jueces dan puntos según la destreza y el estilo personal de los competidores.

Datos sobre el *snowboard*

Origen: Estados Unidos, década de 1960 (creado a partir de la patineta, el *surf* y el esquí)

Número de equipos/ jugadores: individual

Elementos: almohadillas protectoras, botas, casco, guantes, tabla de *snowboard*

Soccer

Soccer se juega en un terreno rectangular. En cada extremo del terreno hay una portería con una red. Los jugadores mueven una pelota hacia la portería del equipo contrario. Se anota un gol cada vez que la pelota cruza por completo la línea entre los postes de la meta. El portero de cada equipo trata de impedir que la pelota entre en la portería.

El juego suele durar unos noventa minutos. Los jugadores pueden mover la pelota de muchas maneras diferentes. Pueden **gambetear** y **pasar** la pelota a sus compañeros de equipo, pueden patearla al aire y cabecear la pelota cuando está en el aire. Pueden detener la pelota en movimiento con cualquier parte de sus cuerpos, excepto con los brazos y las manos. Los jugadores tratan de quitarle la pelota a los del equipo contrario.

Datos sobre el fútbol de asociación
Origen: Inglaterra, 1863
Número de equipos/ jugadores: 2 equipos de 11 jugadores cada uno
Elementos: espinilleras, pelota de fútbol (o *soccer*), postes de portería

Este diagrama muestra e
terreno y las posiciones
de los jugadores del
fútbol de asociación.

Buen equilibrio y concentración ayudan al jugador a llevar la pelota.

Softball

Los juegos de *softball* y béisbol son muy similares. Las diferencias en *softball* incluyen un terreno más pequeño, una pelota más grande y un juego de siete entradas. Como en béisbol, el terreno de *softball* tiene tres bases y el pentágono en el diamante. Dos equipos se turnan al bate y en el terreno en cada entrada. Se anotan las carreras cuando los jugadores recorren todas las bases sin ser sacados *out*. Se puede sacar *out* a un jugador por varias razones. Luego de sacar *out* a tres jugadores, los equipos intercambian papeles.

Datos sobre *softball*

Origen: Chicago, Estados Unidos, 1887 (creado a partir del béisbol)

Número de equipos/ jugadores: 2 equipos de 9 jugadores cada uno

Elementos: bases, bate de *softball*, casco del bateador, guante del receptor, guante de *softball*, máscara del receptor, pelota de *softball*

A diferencia del béisbol, el lanzador de *softball* lanza la pelota al bateador por debajo del hombro.

Surf

El *surf* es un deporte en el que se viaja sobre las olas en una tabla de *surf*. Los surfistas deben mantener el equilibrio al montar sus tablas sobre las olas en movimiento. Comienzan nadando con sus tablas hacia la orilla y esperan una ola adecuada para montarla. Se ponen de pie y tratan de montar la ola hasta la orilla. Dirigen la tabla trasladando su peso de un lado a otro.

En las competencias, los surfistas montan las olas durante un recorrido desconocido. Tienen un tiempo establecido de antemano para demostrar su destreza. Se evalúa a los surfistas por la habilidad para controlar la tabla y la dificultad de sus movimientos.

Datos sobre el *surf*

Origen: Hawai, Estados Unidos, a finales de los años 1700

Número de equipos/ jugadores: individual o equipo

Elementos: correa de la tabla, tabla de *surf*, traje impermeable (opcional)

Tenis

El tenis se juega en una cancha rectangular, dividida a la mitad por una red baja. Los jugadores usan su raqueta de tenis para servir la pelota al campo contrario al que se encuentran. Deben sacar la pelota dentro del cuadrado de saque. Su oponente, el que recibe o devuelve, deberá devolver la pelota por sobre la red con su raqueta. Los jugadores tratan de dificultar a sus oponentes la devolución de la pelota. El jugador gana un punto si la pelota cae dentro de la cancha pero no es devuelta. Un partido de tenis se compone de varios juegos. Para ganar el partido, los jugadores deben ganar el mayor número de juegos.

En este partido femenino de dobles, dos equipos compiten entre sí.

Datos sobre el tenis
Origen: Inglaterra, años 1800
Número de equipos/ jugadores: individual o equipos de 2 jugadores
Elementos: pelota de tenis, raqueta de tenis, red

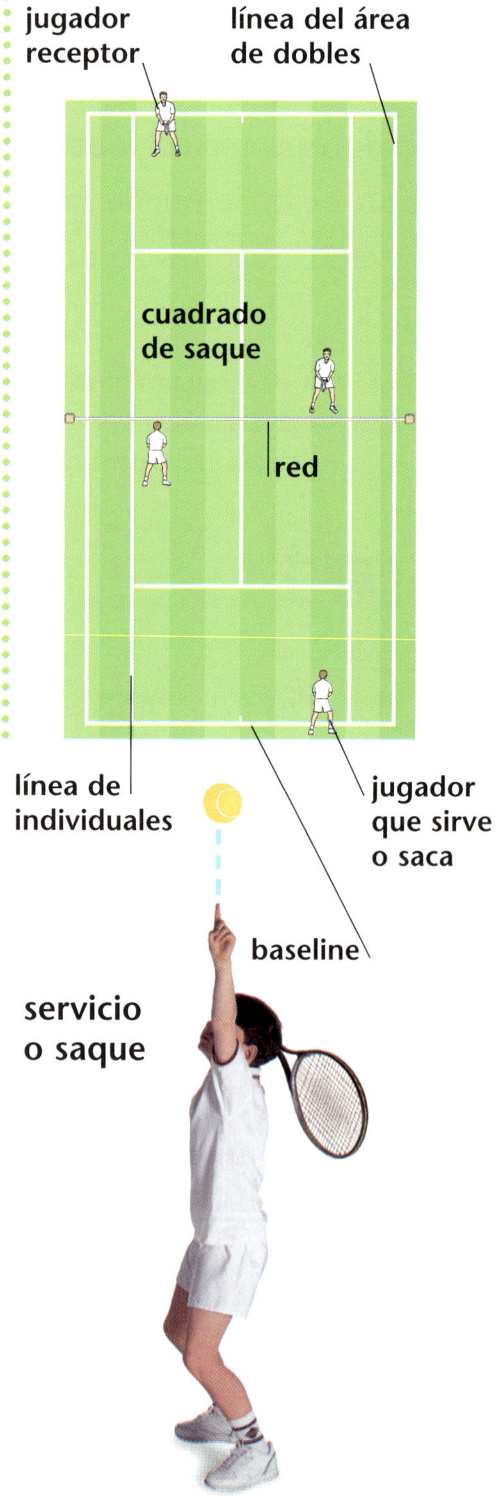

Voleibol

El voleibol se juega en una cancha rectangular con una red alta en el medio. Los jugadores usan sus manos y antebrazos para golpear la pelota. El juego comienza cuando un equipo sirve la pelota al otro. El equipo receptor trata de devolver la pelota por encima de la red. Los jugadores pueden golpear la pelota hasta tres veces antes de devolverla. El mismo jugador no puede tocar la pelota dos veces seguidas. Se anota un punto cuando el otro equipo no puede devolver la pelota. Un juego de voleibol se llama partido. Para ganar el partido, los equipos deben ganar dos o tres juegos.

Datos sobre el voleibol

Origen: Estados Unidos, 1895

Número de equipos/ jugadores: 2 equipos de 6 jugadores cada uno

Elementos: pelota de voleibol, red

voleibol bajo techo

Glosario

bolos trozos de madera hacia los que el jugador de bolos lanza la bola

crosse palo con una red en un extremo que se usa para capturar, llevar o lanzar la pelota

derribar atrapar a un jugador y lanzarlo al suelo, ejecutando un *tackle*

driblear en baloncesto, mover la pelota de arriba hacia abajo con una mano

downs turnos o intentos de ganar puntos o de mover la pelota al menos diez yardas

gambetear en *Soccer*, mover la pelota mediante un juego de piernas

golpe movimiento único con el palo para golpear la pelota

lanzador en *Béisbol* y *Críquet*, una persona que lanza la pelota con un movimiento por encima del hombro; en *Softball* y *Rounders*, una persona que lanza la pelota con un movimiento por debajo del hombro

lanzamiento lanzar un objeto con fuerza

meta en *Críquet*, un juego de tres postes verticales y dos horizontales más pequeños; en otros deportes, portería o arco

pasar enviar la pelota hacia un compañero de equipo usando elementos o el propio cuerpo

riendas tiras de cuero sujetas a una pieza de metal en la boca del caballo

rutinas serie de movimientos que a menudo requieren fuerza y flexibilidad